I0787445

JOSELITO SENA

UMA VISÃO MULTIDISCIPLINAR DA PSICANÁLISE:
A diferença entre psiquiatria, psicologia, neurologia e psicanálise

JOSELITO SENA

UMA VISÃO MULTIDISCIPLINAR DA PSICANÁLISE:
A diferença entre psiquiatria, psicologia, neurologia e psicanálise

Lagoa Santa, Minas Gerais, Brasil

GRATIDÃO

Agradeço à minha amada esposa, Idélia, companheira nas lides da vida (desde janeiro de 1976, quando nos casamos) e minha "analista" de todos os dias.

LOUVOR

Louvo e agradeço a Deus pelas pessoas que contribuíram para esta obra, Carlos Barbosa Werneck Genofre; Dr. Norton Caldeira e Vanda Pereira Haubrichs; Luiz Sávio Nascimento Cordeiro e Carla Pereira dos Santos.

NOTA

Esta obra é uma adaptação do Trabalho de Conclusão de Curso, de pós-graduação em psicanálise pela Faculdade Einstein, BA.

Sumário

APRESENTAÇÃO

A presente obra propõe uma reflexão sistemática e interdisciplinar acerca do cuidado da mente humana, utilizando como eixo articulador a analogia epistemológica entre a psique e uma casa. Longe de se tratar de um recurso meramente ilustrativo, tal analogia é empregada como instrumento conceitual que permite compreender, de modo integrado, os diferentes níveis de funcionamento psíquico e os campos específicos de atuação das ciências que se dedicam à saúde mental.

Parte-se do pressuposto de que a mente humana não pode ser adequadamente compreendida nem tratada a partir de uma única perspectiva teórica ou metodológica. Assim como uma casa envolve estrutura, sistemas internos, acabamento e um espaço vivido, também a psique apresenta dimensões distintas — estruturais, orgânicas, funcionais e simbólicas — que exigem abordagens específicas e complementares.

Nesse horizonte, a Psiquiatria é compreendida como o campo responsável pela sustentação estrutural da mente, ocupando-se das bases diagnósticas, nosológicas e terapêuticas dos transtornos mentais, especialmente daqueles que comprometem a organização psíquica do sujeito. A Neurologia, por sua vez, dedica-se aos sistemas neurobiológicos que possibilitam o funcionamento mental, investigando as conexões, circuitos e processos do sistema nervoso central e periférico. A Psicologia atua predominantemente sobre os

7

aspectos comportamentais, cognitivos e emocionais conscientes, contribuindo para a organização funcional e adaptativa da vida psíquica.

A Psicanálise, foco central desta obra, dirige-se ao interior da casa psíquica, isto é, ao inconsciente, compreendido como instância dinâmica onde se articulam desejos, conflitos, traumas, símbolos e significações que estruturam a subjetividade. Sua contribuição específica consiste em possibilitar a escuta, a interpretação e a elaboração dos conteúdos inconscientes que não são acessíveis pelos métodos das demais ciências, mas que influenciam decisivamente o sofrimento humano.

Esta obra não se propõe a estabelecer hierarquias entre os campos do saber, tampouco a defender uma abordagem em detrimento de outra. Ao contrário, assume explicitamente uma posição epistemológica integradora, segundo a qual o cuidado ético e eficaz da mente humana exige o reconhecimento da interdependência entre Psiquiatria, Neurologia, Psicologia e Psicanálise. Cada uma dessas áreas possui limites próprios e competências específicas, que se fortalecem quando articuladas de forma respeitosa e crítica.

Destina-se, portanto, a estudantes, profissionais da saúde, líderes pastorais, educadores e leitores interessados em uma compreensão mais profunda e fundamentada da psique humana. Ao articular teoria, clínica e epistemologia, o livro busca contribuir para uma visão ampliada, rigorosa e humanizada do sofrimento psíquico e de suas possibilidades de cuidado.

INTRODUÇÃO

A Psicanálise, enquanto campo teórico e clínico, ocupa um lugar singular no conjunto das ciências que se dedicam à compreensão do ser humano. Desde sua formulação por Sigmund Freud, no final do século XIX, ela tem sido objeto de debates, críticas e revisões, especialmente no que se refere à sua metodologia, à natureza de seus conceitos e à sua relação com os modelos científicos tradicionais. Ainda assim, é inegável que a Psicanálise exerceu — e continua a exercer — influência decisiva sobre a Psicologia, a Psiquiatria e diversos outros campos do saber, como a Sociologia, a Antropologia, a Filosofia, a Educação e a Teologia.

Grande parte dessas controvérsias decorre da própria complexidade do objeto psicanalítico: o inconsciente. Ao afirmar que o sujeito não é plenamente consciente de seus desejos, motivações e conflitos, a Psicanálise rompe com concepções racionalistas e positivistas do homem, introduzindo uma compreensão dinâmica e conflitiva da vida psíquica. Essa perspectiva desloca o foco exclusivo do comportamento observável e da consciência para os processos simbólicos, históricos e afetivos que estruturam a subjetividade.

O comportamento humano, embora passível de descrição e intervenção por meio de diferentes abordagens, não se explica de forma satisfatória quando desvinculado dos conteúdos inconscientes que o sustentam. Padrões repetitivos, decisões aparentemente irracionais, sintomas persistentes e conflitos emocionais recorrentes revelam a atuação de forças psíquicas que escapam ao controle consciente do indivíduo. Ignorar essa dimensão implica limitar a compreensão do sofrimento humano e, consequentemente, empobrecer as possibilidades terapêuticas.

Isso não significa, entretanto, desconsiderar as contribuições fundamentais das demais ciências da mente. A Psiquiatria oferece instrumentos indispensáveis para o diagnóstico e o tratamento de transtornos mentais, especialmente nos quadros em que há comprometimento estrutural da psique. A Neurologia esclarece os fundamentos neurobiológicos do funcionamento cerebral, evidenciando a base orgânica que sustenta a experiência psíquica. A Psicologia, por sua vez, sistematiza intervenções voltadas ao comportamento, à cognição e às emoções conscientes, contribuindo para a adaptação funcional do sujeito à realidade.

É a partir desse reconhecimento que esta obra se constrói. Seu objetivo central é situar a Psicanálise em diálogo crítico e complementar com a Psiquiatria, a Neurologia e a Psicologia, demonstrando que nenhuma dessas áreas, isoladamente, é suficiente para abarcar a totalidade da experiência psíquica. A proposta não é defender a Psicanálise como saber hegemônico, mas evidenciar sua especificidade epistemológica e sua relevância clínica quando integrada a um modelo interdisciplinar de cuidado da mente humana.

Ao longo dos capítulos, a analogia da psique como uma casa será retomada e aprofundada como ferramenta conceitual que permite visualizar os diferentes níveis de intervenção terapêutica e os limites de cada campo do saber. Ao final, um capítulo epistemológico e uma conclusão sistematizam essa proposta integradora, reafirmando a necessidade de uma abordagem plural, ética e teoricamente consistente no cuidado do sofrimento psíquico.

Dessa forma, este livro pretende contribuir para uma compreensão mais madura, crítica e fundamentada da Psicanálise e de seu lugar no conjunto das ciências da mente, reafirmando que pensar o ser humano exige reconhecer sua complexidade, sua historicidade e sua profunda dimensão inconsciente.

A PSICANÁLISE E A PSIQUIATRIA

Ao se considerar a mente humana a partir de uma analogia arquitetônica — como uma casa — torna-se possível compreender de maneira didática, integrada e acessível a atuação das diferentes áreas que lidam com a saúde psíquica. Tal analogia não pretende simplificar excessivamente a complexidade do psiquismo humano, mas oferecer um modelo pedagógico que favoreça a compreensão das funções específicas e complementares da psiquiatria e da psicanálise no cuidado do sofrimento mental.

Nesse modelo, a mente é entendida como uma **estrutura habitável**, composta por alicerces, pilares, sistemas de funcionamento e espaços internos. Cada área do saber psicológico e médico atua em níveis distintos dessa construção, sendo a **psiquiatria e a psicanálise ciências interdependentes**, especialmente quando se trata do tratamento das psicopatologias. Embora possuam objetos, métodos e finalidades específicas, ambas convergem no objetivo comum de aliviar o sofrimento humano e promover condições mais dignas de existência.

Na analogia proposta, a psiquiatria ocupa-se prioritariamente da **estrutura da casa**: suas bases, colunas, rachaduras, colapsos e falhas estruturais. Trata-se da ciência médica que se dedica ao diagnóstico, classificação e tratamento das doenças mentais, compreendidas como **patologias da vida psíquica** que comprometem o funcionamento global do indivíduo, interferindo em sua percepção da realidade, afetividade, cognição, comportamento e capacidade de adaptação social.

Ey, Bernard e Brisset definem a psiquiatria como a ciência que "tem por objeto a doença mental", entendida como "uma patologia da vida psíquica"[1]. Essa definição representa uma ruptura histórica relevante com concepções pré-científicas, especialmente aquelas predominantes durante a Idade Média, quando os transtornos mentais eram frequentemente interpretados sob uma ótica exclusivamente moral ou espiritual.

Durante séculos, sob forte influência de determinadas leituras teológicas, o sofrimento psíquico foi associado à **possessão demoníaca**, ao **castigo divino** ou à **fraqueza moral** do indivíduo. Ainda que pensadores como **Tomás de Aquino** tenham contribuído significativamente para a sistematização do pensamento cristão, muitos distúrbios mentais eram compreendidos dentro de uma cosmovisão espiritualizante, na qual o adoecimento da mente era atribuído à ação de forças malignas ou à insuficiência espiritual[2].

Importa ressaltar que tal compreensão, embora historicamente contextualizada, **ainda persiste em alguns segmentos religiosos contemporâneos**, resultando, não raras vezes, em abordagens inadequadas, estigmatizantes e até prejudiciais ao tratamento de pessoas acometidas por transtornos mentais. O sofrimento psíquico, nesses contextos, pode ser negligenciado ou espiritualizado de forma simplista, retardando o acesso a cuidados clínicos necessários.

A psiquiatria moderna, por sua vez, afirma-se como uma **especialidade médica**, anterior historicamente tanto à psicologia quanto à psicanálise. O psiquiatra é um médico legalmente habilitado para avaliar, diagnosticar e tratar transtornos mentais, utilizando-se do modelo médico-clínico, com respaldo científico para a **prescrição de medicamentos** e outras intervenções terapêuticas[3].

Essa atuação torna-se essencial em quadros nos quais há comprometimento das funções estruturais da mente, como:

- psicoses,
- transtornos do humor graves,
- epilepsias,
- histerias,
- demências,
- transtornos do desenvolvimento,
- retardo intelectual,
- e outras condições que afetam profundamente o equilíbrio psíquico.

Nesses casos, a intervenção medicamentosa não apenas é legítima, mas frequentemente **indispensável**, pois visa estabilizar a estrutura da "casa", evitando colapsos que inviabilizariam qualquer outro tipo de abordagem terapêutica.

Todavia, mesmo quando a casa se encontra estruturalmente estabilizada por meio da intervenção psiquiátrica, ela continua sendo **habitada**. Dentro dessa casa existem móveis, objetos guardados, memórias acumuladas, conflitos não resolvidos, experiências traumáticas e dinâmicas inconscientes que influenciam profundamente o modo como o indivíduo vive, sente, se relaciona e interpreta a realidade.

É nesse ponto que a **psicanálise exerce um papel insubstituível**. Enquanto a psiquiatria cuida da estrutura, a psicanálise dedica-se ao **interior da casa**, isto é, ao inconsciente. Seu foco está nos conteúdos ocultos da vida psíquica, nas formações simbólicas, nos desejos reprimidos, nos conflitos infantis, nos mecanismos de defesa e nas repetições sintomáticas que se manifestam ao longo da vida.

A psicanálise não se propõe, primordialmente, a curar doenças mentais no sentido médico, mas a **promover a compreensão da história psíquica do sujeito**, possibilitando a elaboração dos conflitos internos e a ampliação da consciência sobre si mesmo. Trata-se de um processo terapêutico que visa oferecer ao indivíduo melhores condições de lidar com seus limites, sofrimentos e desejos, favorecendo uma existência mais integrada e autêntica.

A complementaridade entre psiquiatria e psicanálise

Longe de se excluírem, psiquiatria e psicanálise **se enriquecem mutuamente**. Essa complementaridade é reconhecida inclusive em obras clássicas da psiquiatria. No *Manual de Psiquiatria* de Ey, Bernard e Brisset, os autores reconhecem explicitamente a contribuição da psicanálise para a compreensão dos quadros psicopatológicos. Ao tratarem, por exemplo, das crises maníacas, afirmam:

"Os psicanalistas (Freud, Abraham e outros) notaram precisamente essa 'orgia' e este furor libidinal na crise maníaca, que eles consideram como uma regressão súbita aos estádios infantis do instinto, anteriores a qualquer frustração"[4].

Essa observação é extremamente significativa, pois evidencia que, embora a psiquiatria descreva, classifique e trate o fenômeno clínico, a psicanálise contribui para a **compreensão dinâmica, histórica e simbólica do sintoma**, iluminando suas raízes no inconsciente e nas fases precoces do desenvolvimento psíquico.

Diálogo com a psicologia e considerações finais

Além de sua contribuição à psiquiatria, a psicanálise desempenha papel fundamental no diálogo com a psicologia, especialmente no que se refere à compreensão da subjetividade, da constituição do eu e dos processos inconscientes que influenciam o comportamento humano. Essa relação será aprofundada no capítulo seguinte, no qual se examinará a interação entre psicanálise e psicologia a partir da mesma analogia da casa.

Por fim, importa destacar que **este estudo não se propõe a criar um conflito entre ciência e teologia**, mas a fomentar um diálogo responsável, ético e humanizado. O cuidado com a mente humana exige sensibilidade, conhecimento técnico e respeito à dignidade do sujeito. Psiquiatria e psicanálise, quando corretamente compreendidas e aplicadas, tornam-se aliadas valiosas nesse propósito.

A PSICANÁLISE E A PSICOLOGIA

Ao se comparar a relação entre Psicanálise e Psicologia, torna-se imprescindível compreender, antes de tudo, o campo específico de atuação de cada uma, seus pressupostos teóricos, seus métodos de investigação e os objetivos terapêuticos que orientam suas práticas. Embora frequentemente associadas — e até confundidas no senso comum —, Psicologia e Psicanálise possuem origens históricas distintas, epistemologias próprias e formas singulares de abordar o sofrimento psíquico, ainda que dialoguem de modo profundo e contínuo.

A analogia da mente humana como uma casa permanece um recurso didático eficaz para essa compreensão. Se, nos capítulos anteriores, abordamos a estrutura da casa (no campo da Psiquiatria) e os espaços internos ocultos (objeto central da Psicanálise), neste momento voltamo-nos especialmente para o acabamento da casa: os ambientes visíveis, organizados, funcionais e adaptativos da vida psíquica. Trata-se do domínio tradicionalmente investigado pela Psicologia, sem que se perca de vista sua relação direta e inevitável com o inconsciente, campo privilegiado da Psicanálise.

De modo geral, pode-se afirmar que a Psicologia é a ciência que estuda os processos emocionais, cognitivos e comportamentais do ser humano, buscando compreender como o indivíduo percebe, interpreta, organiza e responde às demandas internas e externas do mundo em que vive. Seu foco recai sobre os fenômenos observáveis da vida psíquica, bem como sobre os processos mentais conscientes ou passíveis de mensuração empírica.

Trata-se de uma ciência plural e multifacetada, composta por diversas abordagens teóricas, tais como o behaviorismo, a psicologia cognitiva, a psicologia humanista, a gestalt-terapia, a psicologia existencial, entre outras. Cada uma dessas vertentes possui pressupostos epistemológicos próprios, métodos de investigação específicos e técnicas clínicas orientadas, sobretudo, para:

a modificação de comportamentos disfuncionais;

a reestruturação de padrões cognitivos distorcidos;

o manejo consciente das emoções;

o desenvolvimento de habilidades adaptativas e sociais.

Nesse sentido, a Psicologia tende a trabalhar prioritariamente com o aqui e agora da experiência subjetiva, com os conteúdos acessíveis à consciência e com os aspectos funcionais da personalidade. Seu objetivo central é tornar a vida psíquica mais organizada, adaptada e funcional, favorecendo o bem-estar emocional e o ajustamento do indivíduo ao meio.

Historicamente, a Psicologia, enquanto disciplina científica autônoma, consolidou-se antes da Psicanálise, especialmente a partir dos estudos experimentais de Wilhelm Wundt, no final do século XIX. A ênfase inicial recaiu sobre a observação controlada, a mensuração de estímulos e respostas e a busca por leis gerais do comportamento humano. Tal orientação contribuiu significativamente para o reconhecimento da Psicologia como ciência, mas também delimitou seu campo de atuação, afastando-a, em um primeiro momento, das dimensões mais profundas e simbólicas da vida psíquica.

É justamente nesse ponto que a Psicanálise promove uma ruptura decisiva. Com Sigmund Freud, inaugura-se uma nova forma de compreender o ser humano, marcada pela introdução do conceito de inconsciente. Essa inovação representa uma verdadeira ruptura epistemológica, deslocando o eixo da compreensão da mente humana do domínio exclusivamente consciente para uma dimensão profunda, dinâmica, conflitiva e simbólica.

Freud demonstrou que grande parte da vida psíquica ocorre fora do alcance da consciência e que os sintomas, os comportamentos repetitivos, os lapsos, os sonhos e os sofrimentos emocionais não são eventos aleatórios, mas expressões simbólicas de conflitos inconscientes. Com isso, a Psicanálise ampliou radicalmente o horizonte da Psicologia, revelando que o sujeito não é senhor absoluto de seus pensamentos, desejos e ações.

Nesse sentido, pode-se afirmar que uma parcela significativa do vocabulário psicológico moderno foi profundamente influenciada pela Psicanálise. Conceitos como ego, libido, repressão, mecanismos de defesa, atos falhos, interpretação dos sonhos, transferência, resistência e complexo de Édipo ultrapassaram o âmbito estritamente clínico e passaram a integrar a linguagem cotidiana, a cultura, a literatura, a arte e o pensamento social contemporâneo. Tal influência evidencia que a Psicanálise não apenas complementou a Psicologia, mas expandiu de forma decisiva sua compreensão da complexidade da psique humana.

Diversos movimentos psicológicos — como a Psicofísica, a Reflexologia, a Cibernética, o Behaviorismo e a Psicologia da Gestalt — concentraram seus esforços teóricos e metodológicos naquilo que, segundo a analogia da casa, corresponde às áreas periféricas e visíveis do edifício psíquico. Esses movimentos privilegiaram os fenômenos observáveis, mensuráveis e conscientes, focalizando o comportamento, a percepção, os estímulos ambientais e as respostas do organismo.

Embora tais abordagens tenham oferecido contribuições inegáveis para a compreensão do funcionamento humano — especialmente no campo da aprendizagem, da percepção e da adaptação —, sua principal limitação reside no fato de não investigarem, de modo sistemático, os espaços internos e ocultos da casa psíquica, onde se encontram os conflitos reprimidos, os traumas precoces e os desejos inconscientes que moldam silenciosamente o comportamento.

É precisamente nesse ponto que a Psicanálise se distingue e se aprofunda. Desde Freud, o centro de gravidade da investigação psicológica desloca-se para a profundidade da vida psíquica, fazendo do inconsciente o principal objeto de estudo. A Psicanálise parte do pressuposto de que muitos sintomas e sofrimentos não podem ser plenamente compreendidos apenas a partir do que é observável ou consciente, exigindo a escuta clínica, a interpretação simbólica e a reconstrução da história subjetiva do indivíduo.

Autores posteriores, como Jean Laplanche e Jean-Bertrand Pontalis, sistematizaram esse campo conceitual, demonstrando que o inconsciente não é um simples depósito de conteúdos reprimidos, mas uma instância dinâmica, estruturada simbolicamente e permanentemente ativa na constituição do sujeito.

Nesse mesmo horizonte, Carl Gustav Jung, ao desenvolver a Psicologia Analítica, reforça a dependência da Psicologia em relação ao conhecimento do inconsciente. Jung amplia o conceito freudiano ao introduzir as noções de inconsciente coletivo, arquétipos e símbolos universais, afirmando que a psicologia que se limita aos dados empíricos e experimentais não é capaz de apreender a totalidade da psique humana. Para ele, a dimensão simbólica, mítica e arquetípica da experiência humana constitui um campo indispensável para a compreensão do sofrimento psíquico e do processo de individuação.

Retomando a analogia da casa, pode-se afirmar que a Psicologia ocupa-se do acabamento, da organização dos espaços visíveis, da funcionalidade dos ambientes e da harmonia estética do conjunto. Ela auxilia o indivíduo a reorganizar pensamentos, emoções e comportamentos conscientes, tornando a casa mais habitável, organizada e adaptada à vida cotidiana.

A Psicanálise, por sua vez, dirige-se aos fundamentos ocultos da construção: os porões, os corredores escondidos, as paredes que guardam marcas do passado. Ela investiga as memórias reprimidas, os traumas infantis, os desejos inconscientes e os conflitos psíquicos profundos que, embora invisíveis, sustentam — ou comprometem — toda a estrutura da casa.

Dessa forma, Psicologia e Psicanálise não se opõem, mas se complementam, ainda que conduzam a resultados distintos no processo terapêutico. Enquanto a Psicologia tende a produzir mudanças mais diretas e funcionais no comportamento e na cognição consciente, a Psicanálise promove transformações mais profundas e estruturais, ao trabalhar as causas inconscientes do sofrimento psíquico. Assim, ambas devem ser compreendidas não como caminhos concorrentes, mas como vias interdependentes no cuidado integral da mente humana, especialmente quando se busca uma compreensão ampla, ética e duradoura do sujeito em sua totalidade.

A PSICANÁLISE E A NEUROLOGIA

A relação entre Psicanálise e Neurologia constitui um dos diálogos mais complexos e fecundos no campo das ciências da mente humana. Embora historicamente tenham seguido caminhos distintos — a Neurologia ancorada na observação clínica, nos exames de imagem e na fisiopatologia do sistema nervoso, e a Psicanálise dedicada à escuta do inconsciente e à dinâmica simbólica da vida psíquica —, ambas convergem no cuidado integral do sujeito que sofre.

A Neurologia é a especialidade médica que se dedica ao estudo, diagnóstico e tratamento das doenças do sistema nervoso central e periférico, abrangendo o cérebro, a medula espinhal, os nervos e as conexões neuroquímicas que sustentam as funções cognitivas, emocionais e comportamentais. Distúrbios neurológicos podem manifestar-se por meio de alterações motoras, sensoriais, cognitivas, emocionais e até mesmo de personalidade, demonstrando que o funcionamento cerebral está intrinsecamente ligado à experiência subjetiva.

Na analogia da mente como uma casa, a Neurologia pode ser comparada aos sistemas elétrico e hidráulico da construção. São sistemas invisíveis à primeira vista, mas absolutamente essenciais para o funcionamento de todos os cômodos. Um fio desencapado pode provocar um curto-circuito; uma tubulação rompida pode causar uma inundação. Nesses casos, não adianta reforçar as paredes, trocar os móveis ou pintar os ambientes. O problema persiste enquanto o sistema estrutural não for identificado e tratado adequadamente.

Do mesmo modo, quando há uma disfunção neurológica, seja ela de origem genética, degenerativa, traumática, vascular ou metabólica, torna-se indispensável a intervenção médica especializada. Ignorar essa dimensão e tentar tratar apenas os sintomas emocionais ou comportamentais pode resultar em abordagens incompletas, ineficazes ou até prejudiciais ao paciente.

Entretanto, a complexidade da experiência humana revela que nem todo sofrimento psíquico é redutível a uma lesão cerebral, assim como nem toda alteração neurológica se manifesta de forma puramente orgânica. É nesse ponto que a Psicanálise se torna uma aliada indispensável da Neurologia.

Desde suas origens, a Psicanálise nasceu no diálogo com a Neurologia. Sigmund Freud, antes de formular o método psicanalítico, era neurologista e dedicou-se intensamente ao estudo da anatomia e da fisiologia do sistema nervoso. Seu deslocamento para o campo da escuta clínica não representou uma negação da biologia, mas o reconhecimento de que certos sofrimentos não encontravam explicação suficiente apenas nos modelos neurológicos disponíveis à época.

A Psicanálise compreende que o sujeito não adoece apenas no corpo, mas também na história, na linguagem, nos vínculos e nos conflitos inconscientes. Muitos sintomas neurológicos — como dores crônicas sem causa orgânica definida, crises funcionais, distúrbios psicossomáticos, alterações cognitivas associadas ao trauma e até certas formas de epilepsia psicogênica — revelam a íntima interdependência entre cérebro e psiquismo.

Diversos autores da neurociência contemporânea reconhecem essa interdependência. Eric Kandel, neurologista e prêmio Nobel, afirma que toda experiência psíquica, inclusive a experiência psicoterapêutica, produz modificações reais na arquitetura cerebral. Para Kandel, a Psicanálise oferece um modelo privilegiado para compreender como experiências emocionais profundas e relações interpessoais significativas podem alterar circuitos neuronais, processos de memória e padrões de resposta emocional.

Nessa mesma direção, Antonio Damasio destaca que emoção, razão e tomada de decisão não podem ser compreendidas separadamente do corpo e da história subjetiva do indivíduo. Suas pesquisas demonstram que lesões neurológicas podem comprometer a vida emocional e moral do sujeito, mas também que experiências emocionais intensas moldam o funcionamento cerebral ao longo do tempo.

Outros autores, como Oliver Sacks, em seus relatos clínicos, evidenciam que pacientes neurológicos não são apenas portadores de déficits, mas sujeitos com histórias, desejos, angústias e modos singulares de atribuir sentido à própria condição. Sacks enfatiza que o tratamento exclusivamente técnico corre o risco de desumanizar o cuidado, tornando-se insuficiente quando desconsidera a dimensão subjetiva do adoecimento.

Nesse contexto, a Psicanálise oferece à Neurologia aquilo que os exames de imagem não captam: o sentido do sintoma para o sujeito. Enquanto a Neurologia identifica o "onde" e o "como" do funcionamento cerebral, a Psicanálise interroga o "por quê" e o "para quê" do sofrimento psíquico. Trata-se de campos distintos, mas profundamente complementares.

Retomando a analogia da casa, pode-se afirmar que a Neurologia cuida da infraestrutura vital — fios, encanamentos, conexões —, enquanto a Psicanálise investiga os espaços ocultos, os porões emocionais, as marcas do passado e os conflitos não elaborados que influenciam o modo como a casa é habitada. Uma casa pode estar tecnicamente perfeita e, ainda assim, ser um lugar de angústia, medo ou sofrimento, caso os seus moradores carreguem experiências traumáticas não simbolizadas.

Na prática clínica, essa integração mostra-se especialmente relevante em quadros como:

doenças neurodegenerativas, nas quais o impacto emocional do diagnóstico exige elaboração psíquica;

sequelas neurológicas pós-AVC ou traumatismo craniano, que afetam identidade e autoestima;

transtornos psicossomáticos;

epilepsias e crises não epilépticas psicogênicas;

dores crônicas e síndromes funcionais;

alterações cognitivas associadas ao estresse e ao trauma.

Nesses casos, o tratamento exclusivamente neurológico pode estabilizar funções, mas não responde integralmente ao sofrimento subjetivo do paciente. Por outro lado, a escuta psicanalítica, quando realizada sem consideração pelas condições neurológicas subjacentes, corre o risco de interpretar simbolicamente aquilo que exige intervenção médica específica.

Assim, torna-se cada vez mais evidente que o cuidado adequado da mente humana exige uma abordagem interdisciplinar, na qual Neurologia, Psiquiatria, Psicologia e Psicanálise dialoguem de forma ética e integrada. O sujeito não é apenas um cérebro adoecido, nem apenas um inconsciente em conflito, mas uma totalidade biopsíquica, histórica e relacional.

Conclui-se, portanto, que a Psicanálise e a Neurologia não são campos concorrentes, mas instâncias complementares no cuidado do sofrimento humano. A Neurologia assegura o funcionamento adequado da base neurobiológica, enquanto a Psicanálise oferece os instrumentos necessários para a elaboração simbólica da experiência, permitindo que o sujeito atribua sentido à sua dor e reconstrua sua forma de habitar a própria existência.

A PSICANÁLISE E O INCONSCIENTE

A descoberta do inconsciente constitui, sem dúvida, uma das mais significativas contribuições de Sigmund Freud ao pensamento moderno. Ao introduzir o termo psicanálise em 1896, Freud inaugurou uma nova forma de compreender o ser humano, rompendo com a concepção de que a vida psíquica se limita à consciência e ao comportamento observável. A Psicanálise nasce, assim, como uma teoria e um método clínico voltados para a investigação do funcionamento do aparelho psíquico, tendo o inconsciente como seu ponto de partida fundamental.

Diferentemente das abordagens que se concentram apenas naquilo que o sujeito pensa, sente ou faz de modo consciente, a Psicanálise propõe que o comportamento humano é, em grande parte, determinado por conteúdos inconscientes. Desejos reprimidos, conflitos não elaborados, experiências infantis e afetos recalcados exercem influência decisiva sobre pensamentos, emoções, escolhas e sintomas. Por isso, mais do que explicar o comportamento em si, a Psicanálise busca compreender o significado oculto, a trama simbólica e a lógica inconsciente que sustentam esse comportamento.

Pode-se afirmar, portanto, que a Psicanálise surge paralelamente à Psicologia científica, mas estabelece fronteiras epistemológicas claras em relação a ela. Enquanto a Psicologia tende a concentrar-se nos processos conscientes, cognitivos e comportamentais, a Psicanálise dirige-se àquilo que escapa à consciência imediata, mas que, ainda assim, governa silenciosamente a vida psíquica.

A topografia da mente: consciente, pré-consciente e inconsciente

Para explicar o funcionamento da mente humana, Freud propôs inicialmente um modelo topográfico, segundo o qual a vida psíquica se organiza em três sistemas:

Consciente: corresponde aos conteúdos dos quais o indivíduo tem percepção imediata — pensamentos, sentimentos e sensações presentes no momento.

Pré-consciente: abriga conteúdos que não estão no foco da consciência, mas que podem ser acessados com relativa facilidade, como lembranças e informações armazenadas.

Inconsciente: constitui o núcleo mais profundo da vida psíquica, onde se encontram desejos reprimidos, memórias dolorosas, impulsos instintivos e conflitos que foram excluídos da consciência por serem incompatíveis com as exigências morais ou sociais do sujeito.

O inconsciente, longe de ser um espaço passivo, é dinâmico e ativo, manifestando-se por meio de sonhos, atos falhos, lapsos de linguagem, sintomas neuróticos e repetições comportamentais. É precisamente nesse campo que a Psicanálise concentra sua investigação e sua intervenção clínica.

A dinâmica da mente:

ID, EGO e SUPEREGO

Em um segundo momento de sua obra, Freud aprofunda sua teoria e propõe o chamado modelo estrutural da mente, composto por três instâncias fundamentais: ID, EGO e SUPEREGO. Essas instâncias não correspondem a lugares anatômicos, mas a funções psíquicas que operam de forma dinâmica e conflitiva.

O ID

O ID é a instância mais primitiva e inteiramente inconsciente da personalidade. Ele é o reservatório das pulsões instintivas, governado pelo princípio do prazer, que busca a satisfação imediata dos desejos, sem considerar a realidade, a moral ou as consequências dos atos. No ID residem as forças básicas da vida psíquica, especialmente as pulsões de vida (Eros) e as pulsões de morte (Thanatos).

Na analogia da casa, o ID pode ser comparado ao porão profundo, escuro e pulsante, onde estão armazenadas as forças vitais, os impulsos brutos e a energia que sustenta toda a estrutura. Embora indispensável à vida, o ID, se não for mediado, pode gerar comportamentos impulsivos, destrutivos ou socialmente inaceitáveis.

O EGO

O EGO desenvolve-se a partir do ID, à medida que o sujeito entra em contato com a realidade. Sua função principal é atuar como mediador entre as exigências do ID, as normas do SUPEREGO e as condições do mundo externo. O EGO é governado pelo princípio da realidade, buscando formas possíveis, adaptadas e socialmente aceitáveis de satisfação dos impulsos.

É o EGO que permite ao indivíduo pensar, planejar, adiar gratificações e tomar decisões. Ele é, em grande parte, consciente, mas também possui componentes inconscientes, especialmente quando utiliza os chamados mecanismos de defesa para lidar com conflitos psíquicos.

Na analogia da casa, o EGO corresponde aos cômodos habitáveis, aos corredores e às áreas de circulação. É ele que organiza o espaço interno, distribui os móveis, regula o acesso entre os diferentes ambientes e possibilita uma convivência minimamente harmoniosa entre as forças internas da casa.

O SUPEREGO

O SUPEREGO representa a instância moral da personalidade. Ele se forma a partir das identificações com as figuras parentais e com as normas sociais, internalizando valores, proibições, ideais e expectativas culturais. Sua função é julgar, censurar e orientar o comportamento do EGO, produzindo sentimentos como culpa, vergonha e orgulho.

O SUPEREGO atua como uma espécie de juiz interno, exigente e, por vezes, severo. Quando excessivamente rígido, pode gerar sofrimento psíquico intenso, sentimentos de inadequação e autocrítica exacerbada.

Na analogia da casa, o SUPEREGO pode ser comparado às regras de uso da casa, aos avisos nas paredes e às normas impostas pelo proprietário ou pela tradição familiar. Ele mantém a ordem, mas, se não for flexibilizado, pode tornar a casa um ambiente opressor e pouco acolhedor.

A Psicanálise e a casa do inconsciente
Retomando a analogia entre a psique e uma casa, pode-se afirmar que a Psiquiatria cuida da estrutura — alicerces, vigas e paredes; a Neurologia, dos sistemas elétrico e hidráulico; a Psicologia, do acabamento, da funcionalidade e da organização visível dos espaços. O que resta, então, para a Psicanálise?

É justamente o interior oculto da casa: aquilo que não se vê à primeira vista, mas que determina profundamente a forma como a casa é vivida. No interior podem existir móveis mal posicionados, objetos acumulados, restos da obra, infiltrações antigas, insetos indesejáveis ou espaços nunca visitados. Tudo isso corresponde, no plano psíquico, às experiências reprimidas, aos traumas, aos conflitos não elaborados e aos desejos inconscientes.

O objetivo da Psicanálise é penetrar nesses espaços, iluminá-los simbolicamente e auxiliar o sujeito a reorganizar sua casa interna. Não se trata de demolir a casa, mas de torná-la habitável, consciente de sua história e funcional para a vida presente.

Ao acessar o inconsciente, a Psicanálise vai além do campo de atuação da Psiquiatria, da Psicologia e da Neurologia, sem jamais desconsiderar a importância dessas ciências. Pelo contrário, reconhece que o cuidado integral do sujeito exige trabalho conjunto e interdisciplinar. Contudo, é a Psicanálise que possibilita ao indivíduo compreender o sentido de seu sofrimento, descobrir o que há de valioso em sua história psíquica e, finalmente, colocar a casa em ordem.

Assim, a Psicanálise afirma-se como uma abordagem essencial no tratamento terapêutico, pois não se limita a aliviar sintomas, mas busca promover transformações profundas, duradouras e estruturais, permitindo que o sujeito se reconcilie com sua própria interioridade e habite sua existência de forma mais livre e consciente.

CONSIDERAÇÕES EPISTEMOLÓGICAS SOBRE O CUIDADO DA MENTE HUMANA

Ao concluir esta obra, torna-se necessário retomar, de forma sistemática e epistemologicamente consistente, os fundamentos que orientaram a reflexão aqui desenvolvida. O percurso apresentado buscou demonstrar que o cuidado da mente humana não pode ser reduzido a um único campo do saber, tampouco compreendido por meio de explicações simplistas ou unidimensionais. A complexidade da experiência psíquica exige uma abordagem plural, integrada e interdisciplinar, capaz de respeitar tanto a dimensão biológica quanto a dimensão simbólica, histórica e relacional do sujeito.

Do ponto de vista epistemológico, esta obra se insere no horizonte das ciências humanas e da saúde que reconhecem a não linearidade do fenômeno psíquico. A mente humana não se organiza segundo relações de causa e efeito estritamente mecânicas, mas a partir de interações dinâmicas entre corpo, linguagem, história, cultura e inconsciente. Qualquer tentativa de absolutizar um único método ou abordagem resulta, inevitavelmente, em reducionismos teóricos e empobrecimento clínico.

A analogia da psique como uma casa, utilizada ao longo do livro, não se apresenta apenas como um recurso didático, mas como uma metáfora epistemológica integradora. Ela permite visualizar, de modo articulado, os diferentes níveis de intervenção e compreensão do sofrimento humano. A Psiquiatria, ao ocupar-se da estrutura, dos alicerces e das patologias que comprometem a sustentação da casa, fundamenta-se em um paradigma médico-clínico indispensável. A Neurologia, ao investigar os sistemas de conexão e funcionamento do sistema nervoso, responde pela base neurobiológica que viabiliza qualquer experiência psíquica. A Psicologia, ao lidar com o comportamento, a cognição e as emoções conscientes, atua na organização funcional e adaptativa dos espaços visíveis da casa.

A Psicanálise, por sua vez, insere-se nesse conjunto como um campo epistemologicamente singular. Seu objeto não é a estrutura orgânica, nem apenas o comportamento observável, mas o inconsciente, compreendido como instância dinâmica, simbólica e determinante da subjetividade. A Psicanálise opera a partir da escuta, da interpretação e da reconstrução da história do sujeito, reconhecendo que o sofrimento psíquico não se esgota em diagnósticos nosológicos ou descrições comportamentais.

Epistemologicamente, a Psicanálise rompe com o positivismo clássico ao admitir que o conhecimento do sujeito passa necessariamente pela linguagem, pelo desejo, pela transferência e pela singularidade da experiência. Seu método não busca leis universais aplicáveis indistintamente, mas a compreensão do sentido do sintoma para aquele que sofre. Nesse aspecto, a Psicanálise não se opõe às demais ciências da mente, mas ocupa um lugar complementar, aprofundando aquilo que elas, por seus próprios limites metodológicos, não alcançam.

Este livro sustentou, portanto, a tese de que o cuidado integral da mente humana requer o reconhecimento dos limites e das competências de cada área, bem como a disposição ética para o diálogo interdisciplinar. Nenhuma dessas ciências é autossuficiente. A Psiquiatria necessita reconhecer quando o sofrimento extrapola a dimensão estrutural. A Neurologia precisa considerar que o sujeito não se reduz ao cérebro. A Psicologia se beneficia ao reconhecer a influência do inconsciente sobre o comportamento. A Psicanálise, por sua vez, deve manter-se atenta às condições orgânicas, neurológicas e estruturais que atravessam o sujeito em análise.

Do ponto de vista clínico e epistemológico, essa articulação não enfraquece nenhuma dessas áreas; ao contrário, fortalece-as, ao situá-las em um campo de complementaridade e não de concorrência. Trata-se de uma epistemologia da integração, que reconhece a complexidade do humano e rejeita explicações totalizantes ou excludentes.

Ao encerrar esta obra, reafirma-se que pensar a mente humana exige mais do que técnica: exige humildade epistemológica, rigor conceitual e compromisso ético com o sujeito que sofre. A casa psíquica não é apenas uma estrutura a ser reparada, nem apenas um comportamento a ser ajustado; ela é um espaço vivido, habitado por memórias, afetos, conflitos e desejos. Cuidar dessa casa implica respeitar sua história, compreender sua organização interna e reconhecer que, muitas vezes, o que mais necessita de atenção não é o que está visível, mas aquilo que permanece oculto.

Conclui-se, assim, que a Psicanálise, integrada às demais ciências da mente, mantém-se como uma via essencial para a compreensão profunda do ser humano. Seu valor epistemológico reside precisamente na capacidade de escutar o que não se mostra, interpretar o que não se diz explicitamente e possibilitar ao sujeito reorganizar sua própria interioridade. É nesse horizonte que este livro se encerra: afirmando a complexidade da psique, a interdependência dos saberes e a centralidade do sujeito como fundamento último de qualquer prática terapêutica responsável.

CONSIDERAÇÕES FINAIS

À luz do percurso teórico desenvolvido ao longo desta obra, reafirma-se a pertinência da analogia da psique humana como uma casa, recurso didático que possibilita a compreensão integrada e interdisciplinar das ciências que se dedicam ao cuidado da mente. Tal analogia não pretende simplificar a complexidade do funcionamento psíquico, mas oferecer uma representação conceitual capaz de evidenciar as especificidades e os limites de atuação de cada campo do saber.

Nessa perspectiva, os diferentes profissionais da saúde mental podem ser compreendidos como especialistas que atuam em distintas etapas e dimensões da construção e manutenção dessa casa psíquica. A Psiquiatria ocupa lugar fundamental ao lidar com os alicerces estruturais, as colunas, as vigas e as paredes — isto é, com as bases orgânicas, estruturais e patológicas que sustentam o funcionamento mental. Toda afetação que comprometa a estrutura da psique, como transtornos graves, rupturas estruturais e desorganizações profundas, insere-se prioritariamente no campo psiquiátrico, não sendo objeto direto da Psicologia, da Neurologia ou da Psicanálise.

A Neurologia, por sua vez, pode ser analogamente comparada aos sistemas elétrico e hidráulico da casa. Ela se ocupa das conexões, transmissões e circuitos que permitem o funcionamento adequado do sistema nervoso central e periférico. Alterações nesse nível comprometem o funcionamento global da casa, exigindo intervenções técnicas específicas, sem as quais qualquer outra abordagem se torna insuficiente ou ineficaz.

A Psicologia situa-se na etapa do acabamento, dedicando-se à organização funcional dos ambientes visíveis da casa. Seu foco recai sobre o comportamento, a cognição e as emoções conscientes, auxiliando o sujeito a reorganizar padrões de pensamento, manejo emocional e adaptação à realidade. Trata-se de uma atuação fundamental para tornar a casa funcional, organizada e socialmente habitável.

A Psicanálise, por fim, dirige-se ao interior da casa, ao que está contido em seus espaços mais íntimos e ocultos. Seu campo específico é o inconsciente, onde residem os conflitos psíquicos profundos, os traumas não elaborados, os desejos reprimidos e as marcas deixadas pelas experiências primárias. Mesmo após a conclusão da estrutura, da instalação dos sistemas e do acabamento, é no interior da casa que podem permanecer resíduos da construção, objetos fora de lugar, infiltrações antigas ou conteúdos que geram desconforto e sofrimento ao morador.

É nesse sentido que a Psicanálise se distingue, não por se colocar acima das demais ciências, mas por operar em uma dimensão complementar e indispensável. Ela não substitui a Psiquiatria, a Neurologia ou a Psicologia, tampouco atua de forma isolada. Ao contrário, seu exercício responsável pressupõe o reconhecimento da interdependência entre os saberes e a capacidade do psicanalista de discernir quando o sofrimento apresentado exige encaminhamento ou intervenção conjunta com outras áreas.

Assim, o trabalho psicanalítico não se limita à supressão de sintomas, mas busca compreender o sentido do sofrimento, possibilitando ao sujeito reorganizar sua casa interna, apropriar-se de sua história e tornar sua existência mais consciente, integrada e habitável. A Psicanálise, portanto, insere-se como uma via essencial no cuidado integral da mente humana, justamente por articular profundidade clínica, escuta ética e compreensão simbólica do sujeito em sua totalidade.

Conclui-se, desse modo, que nenhuma dessas ciências, isoladamente, é suficiente para abarcar a complexidade da psique humana. É na articulação respeitosa entre Psiquiatria, Neurologia, Psicologia e Psicanálise que se constrói uma abordagem verdadeiramente abrangente, capaz de sustentar, reparar e habitar, com dignidade e consciência, a casa que é a mente humana.

REFERÊNCIAS

EY, Henry; BERNARD, P.; BRISSET, C. **Manual de psiquiatria**. São Paulo: Masson, 1979.

HURDING, Roger F. **A árvore da cura: modelo de aconselhamento e de psicoterapia**. São Paulo: Vida Nova, 1988.

JUNG, Carl Gustav. **Psicologia do inconsciente**. Tradução de Maria Luiza Appy. Petrópolis: Vozes, 1980. (Obras completas de C. G. Jung, v. 7).

LACERDA, André. **Diferenças entre psicologia, psicanálise e psiquiatria**. 2013. Disponível em: https://www.facebook.com/notes/reflex%C3%B5es-da-psican%C3%A1lise/diferen%C3%A7as-entre-psicologia-psican%C3%A1lise-e-psiquiatria/190769581071177. Acesso em: 29 out. 2014.

LAPLANCHE, Jean; PONTALIS, Jean-Bertrand. **Vocabulário da psicanálise**. São Paulo: Martins Fontes, 1986.

OSBORNE, Richard. **Freud para principiantes**. Rio de Janeiro: Objetiva, 1993.

O AUTOR

Joselito Ferreira de Sena é baiano da cidade de Jitaúna. Nasceu em abril de 1952.

Casado com a Profa. Idélia S. Sena, tem dois filhos e cinco netos.

Bacharel em Teologia pelo Seminário Teológico Batista do Sul do Brasil/RJ; graduado e pós-graduado em Teologia pela Faculdade Teológica Batista Mineira/MG. Psicanalista didata pela Sociedade Brasileira de Psicanálise Clínica e pós-graduado em Psicanálise pela Faculdade Einstein/BA. Mestre em Divindade e Doutor em Ciência da Religião pelo IBASE (Instituto Batista de Educação e Tecnologia, RJ). Doutor em Teologia pela Dardah Florida University, EUA). Licenciado em História, Ciência da Religião e Inglês e Português, pela IPEMIG, MG.

Pastoreou as seguintes igrejas: Igreja Batista Novo Horizonte e de Acari/RJ; Primeira Igreja Batista de Muriaé/MG, Primeira Igreja Batista de Coronel Fabriciano/MG e Primeira Igreja Batista do Barreiro, em Belo Horizonte/MG; coordenou o Ministério de Evangelismo e Missões da Igreja Batista do Barro Preto, em Belo Horizonte/MG e, atualmente, pastoreia a Primeira Igreja Batista em Lagoa Santa/MG.

Lecionou Evangelismo e Missões e Psicologia Pastoral na Faculdade Teológica Batista de Itaperuna/RJ; Português e Matemática na primeira e segunda séries do Ensino Fundamental pela Prefeitura Municipal de Jitaúna/BA. Foi diretor do Campus Avançado do Seminário Teológico Batista Mineiro em Coronel Fabriciano/MG, onde também lecionou Homilética, Evangelismo e Missões; Teologia Bíblica do Antigo Testamento no campus avançado do Seminário Batista Brasileiro em Cambridge/EUA; Antigo e Novo Testamentos na Faculdade Central do Brasil, em Lagoa Santa/MG; Teologia Sistemática (Hamartiologia) na Pós-graduação da Faculdade Batista de Minas Gerais, em Belo Horizonte/MG; Psicanálise na Sociedade Brasileira de Psicanálise e Evolução Existencial, em Lagoa Santa/MG; História da Psicanálise e Neuroteologia no Seminário Cristo para as Nações, em Belo Horizonte/MG.

Autor das seguintes obras:

1 Uma Visão Multidisciplinar da Psicanálise – A diferença entre psiquiatria, psicologia, neurologia e psicanálise.

2 Discipulado – Como fazer e multiplicar discípulos.

3 Boa Notícia – O projeto de Deus para sua vida.

4 O Novo convertido – Aprendendo a caminhar na vida cristã.

5 Estudando a Bíblia – Crescendo no conhecimento da Palavra de Deus.

6 Classe de Batismos – Como ser preparado para o batismo.

7 Pequenos grupos – Como criar, manter e multiplicar grupos familiares.

8 Evangelho de Mateus – Estudos indutivos para EBD, discipulado e pequenos grupos.

9 Evangelho de Marcos – Estudos indutivos para EBD, discipulado e pequenos grupos.

10 Evangelho de Lucas – Estudos indutivos para EBD, discipulado e pequenos grupos.

11 Evangelho de João – Estudos indutivos para EBD, discipulado e pequenos grupos.

12 Atos dos Apóstolos – Estudos indutivos para EBD, discipulado e pequenos grupos.

13 Carta aos Romanos – Estudos indutivos para EBD, discipulado e pequenos grupos.

14 Cartas aos Coríntios, I e II – Estudos indutivos para EBD, discipulado e pequenos grupos.

15 Gálatas e aos Efésios – Estudos indutivos para EBD, discipulado e pequenos grupos.

16 Panorama do Novo Testamento I – Estudos indutivos para EBD, discipulado e pequenos grupos.

17 Panorama do Novo Testamento II – Estudos indutivos para EBD, discipulado e pequenos grupos.

18 Livro dos Salmos I – Estudos indutivos para EBD, discipulado e pequenos grupos.

19 Livro dos Salmos II – Estudos indutivos para EBD, discipulado e pequenos grupos.

20 O Administrador cristão – Como gerenciar a vida, o tempo e as finanças.

21 O Pescador – A história de Carlito.

22 O discípulo de Jesus – Estudos para pequenos grupos e discipulado.

23 Favos de mel – Esboços de sermões, pastorais, pequenos grupos e discipulado.

24 Deus ama você – folheto para evangelização.

25 A vida eterna – folheto para evangelização.

26 Teologia Bíblica do Antigo Testamento.

27 Jesus, A Teologia do Antigo Testamento.

28 O Urubu Branco – História Infantil.

29 Orações que Movem os Céus

30 A Montanha Dourada

www.ingramcontent.com/pod-product-compliance
Lightning Source LLC
Chambersburg PA
CBHW071241240726
48654CB00009B/1150